AF328200

Éléments
d'Instruction Civique

PAR A. AULARD

COURS MOYEN

VOLUME SPÉCIMEN

BROCHÉ VENDU ET CARTONNÉ

EDOUARD CORNÉLY ET Cⁱᵉ — PARIS

PRIX : 0 fr. 50

ÉLÉMENTS
D'INSTRUCTION CIVIQUE

COURS D'ENSEIGNEMENT PRIMAIRE
Publié sous la direction de
A. AULARD
PROFESSEUR A LA FACULTÉ DES LETTRES DE L'UNIVERSITÉ DE PARIS

ÉLÉMENTS
D'INSTRUCTION CIVIQUE

SUIVIS

DE RÉSUMÉS ET QUESTIONNAIRES

PAR

A. AULARD

COURS MOYEN

PARIS
ÉDOUARD CORNÉLY, ÉDITEUR
101, RUE DE VAUGIRARD, 101

1902

AVERTISSEMENT

Le programme de l'instruction civique, pour le cours moyen, est ainsi conçu :

« *Notions très sommaires sur l'organisation de la France ;*

« *Le citoyen, ses obligations et ses droits ; l'obligation scolaire, le service militaire, l'impôt, le suffrage universel ;*

« *La commune, le maire et le conseil municipal ;*

« *Le département, le préfet et le conseil général ;*

« *L'État, le pouvoir législatif, le pouvoir exécutif, la justice.* »

C'est ce programme que nous avons suivi très strictement, sans y rien changer, si ce n'est l'ordre des matières. Il contient, en effet, les notions indispensables à un futur citoyen.

Nous avons cru devoir faire passer du cours de morale dans celui-ci le chapitre des devoirs envers la patrie, qui se confondent avec les obligations du citoyen. Autrement, nous aurions été obligés, dans ces deux cours destinés à se compléter l'un l'autre, de dire deux fois la même chose.

Nous n'avons pas cru devoir, pour expliquer aux enfants l'organisation de la République française, adopter un langage enfantin, c'est-à-dire imprécis et inexact. Nous avons reproduit les expressions mêmes de notre Constitution et de nos lois, en les expliquant de notre mieux, quand elles ne sont pas de langue courante. Tout cela ne peut être bien compris des enfants que quand l'instituteur leur a donné ces explications orales sans lesquelles il n'y a pas d'enseignement.

Chaque leçon devra donc être expliquée par l'instituteur. Les résumés seuls pourront être appris par cœur. Si nous avons adopté le système de résumés placés ainsi après chaque leçon, au lieu de sommaires placés avant chaque leçon, c'est que l'abrégé de la leçon, en ces matières difficiles, ne peut être clair qu'après que, dans la leçon, on aura dit le sens de tant de termes abstraits dont l'usage est indispensable pour tracer un tableau d'institutions.

Nous n'avons voulu dire que des choses vraies et essentielles : c'est le rôle du maître d'adapter ces vérités à l'intelligence des enfants.

A. A.

ÉLÉMENTS D'INSTRUCTION CIVIQUE

PREMIÈRE LEÇON

La France.

La France, c'est notre **pays**, c'est notre **nation**, c'est notre **patrie**.

Ces mots de *pays*, de *nation*, de *patrie* sont souvent employés : mais il faut en bien comprendre le sens.

Quand nous disons que la France est notre **pays**, nous voulons dire que nous sommes nés, que nous habitons sur un territoire situé à l'occident de l'Europe, borné au nord et à l'ouest par des mers qui s'appellent la *Manche* et l'océan *Atlantique ;* à l'est par d'autres pays : la *Belgique*, l'*Allemagne*, la *Suisse*, l'*Italie ;* au sud par une mer qui s'appelle la *Méditerranée* et par un pays qui s'appelle l'*Espagne*.

C'est un vaste territoire : sa plus grande longueur du nord au sud est de 973 kilomètres ; sa plus grande largeur de l'ouest à l'est est de 888 kilomètres ; si l'on tire une ligne en diagonale de l'extrémité de la *Bretagne* (nord-ouest) à l'extrémité des *Alpes-Maritimes* (sud-est), cette ligne est de 1.082 kilomètres. La superficie totale est d'un peu plus de 52 millions d'hectares.

Ce territoire est très varié ; il y a de grandes montagnes : les *Alpes*, les *Pyrénées* ; il y a de grands fleuves : la *Seine*, la *Loire*, la *Garonne*, le *Rhône* ; il y a de vastes plaines. C'est un territoire fertile, sauf dans les régions

Carte de la France actuelle.

montagneuses ; il produit en abondance tout ce qui est nécessaire à la vie. Il est beau à voir, agréable à habiter : le climat y est plus doux, plus *tempéré*, c'est-à-dire qu'on y souffre moins de l'excès de chaleur ou de l'excès de froid que dans la plupart des autres pays.

Quand nous disons que la France est notre **nation**, nous voulons dire que les habitants de ce territoire, c'est-à-dire les *Français*, au nombre d'environ trente-neuf millions, forment une grande famille de gens qui, pour la plupart, ont les mêmes intérêts, les mêmes souvenirs, les mêmes espérances. Il se trouve aussi que, sauf dans quelques parties de la *Bretagne*, de la région *pyrénéenne*, de la *Corse* et du département des *Alpes-Maritimes*, tous les Français parlent la même langue, et que les langues particulières à certaines régions rurales, langues qu'on appelle tantôt *dialectes*, tantôt *patois*, tendent à disparaître. Les Français ont le même *gouvernement*, les mêmes *lois*, et ne forment, à eux tous, qu'une société. Voilà comment la France est une nation.

Quand nous disons que la France est une **patrie**, nous voulons dire qu'elle est à la fois un *pays* et une *nation*, un territoire et une société d'hommes. La patrie est aussi dans le *passé* et dans l'*avenir*, dans les générations qui nous ont précédés et dans celles qui nous suivront. La patrie est à la fois une chose, des hommes et un sentiment. Cela sera expliqué plus clairement dans la leçon suivante.

QUESTIONNAIRE

Qu'est-ce que notre pays? — Quelle est l'étendue du territoire de la France? — Qu'est-ce que notre nation? — Les Français ne forment-ils qu'une société? — Qu'est-ce que notre patrie?

RÉSUMÉ

La France est notre pays : car c'est sur le territoire français que nous sommes nés, territoire vaste et varié. La France est notre nation : car nous formons une famille de gens qui ont les mêmes intérêts, les mêmes souvenirs, les mêmes espérances, les mêmes lois, le même gouvernement, et pour la plupart la même langue. La patrie, c'est à la fois le pays et la nation, dans le passé, dans le présent et dans l'avenir.

Fête de la Fédération (14 juillet 1790).

DEUXIÈME LEÇON

Formation de la nation française.

L'histoire nous apprend qu'il y a un peu plus de cent ans, il se produisit en France un brusque et complet changement de l'organisation politique et sociale, et ce changement s'appelle la **Révolution française**, qui commença en l'année 1789.

C'est cette *Révolution* qui fit de la France une *nation*.

Avant 1789, la France était composée, pour ainsi dire, de divers peuples, qui s'appelaient, par exemple, les *Bretons*, les *Lorrains*, les *Provençaux*, les *Béarnais*. Ils formaient autant de provinces séparées par des barrières de douanes et ayant peu d'intérêts communs, peu de lois communes. Ils n'étaient unis entre eux que par le fait d'avoir une administration commune, d'avoir le même *roi*, et l'on disait que la France était un *royaume*. Ce roi était un chef, un chef absolu, et c'était dans la même famille, celle des *Bourbons*, que ce chef était pris depuis plusieurs siècles : c'est-à-dire que le fils aîné succédait à son père comme roi de France.

La Révolution fondit ces peuples divers en un seul. Villes, villages, provinces se donnèrent la main et *fraternisèrent;* voulant ne former qu'une seule et même famille. Le 14 juillet 1790, les Français célébrèrent à Paris, au Champ-de-Mars, sous le nom de **Fédération**, leur réunion fraternelle; et c'est le souvenir de cette fédération qu'à notre tour nous célébrons chaque année par la *fête nationale.*

Ainsi, par un consentement libre, par un vaste et général mouvement de sympathie, cette fédération forma la *nation française.*

Cette nation voulut se gouverner *par elle-même.* Après avoir gardé quelque temps encore son roi, qu'elle avait dépouillé d'une grande partie de son pouvoir, elle se constitua en **république démocratique.** C'est le *peuple* qui fut désormais le *souverain.*

Avant 1789, la patrie, c'était le roi; après 1789, la patrie, ce fut le peuple, tout le peuple formé en société fraternelle de citoyens égaux en droits.

Les défenseurs de ce nouvel état de choses, les défenseurs de cette patrie nouvelle, s'appelèrent les *patriotes.* Ils eurent à se battre contre les défenseurs de l'ancien état de choses, appelés *aristocrates*, qui décidèrent les rois de l'Europe à faire aux Français une guerre terrible. Les patriotes aimèrent mieux risquer la mort que de redevenir esclaves : ils furent si énergiques, si courageux qu'ils vainquirent les aristocrates et les rois.

Ainsi, les *petites patries* d'avant 1789, comme la *Provence* et la *Bretagne*, se fondirent en une seule *grande patrie*, la France, la République française. Voilà comment fut constituée notre nation.

QUESTIONNAIRE

Qu'est-ce que la Révolution française? — Qu'était la France avant 1789? — Qu'est-ce que la Fédération? — Que fut la patrie après 1789? — Que firent les patriotes pendant la Révolution?

RÉSUMÉ

C'est la Révolution française qui fit de la France une nation. Elle fondit en un seul peuple les peuples divers qui formaient le royaume de France. On fraternisa en une fédération, dont notre fête nationale célèbre actuellement le souvenir. Cette nation nouvelle se gouverna elle-même, se forma en république démocratique, vainquit les aristocrates et les rois.

Les Prussiens chassés de France en 1792.

TROISIÈME LEÇON

Le patriotisme.

Nous avons le devoir de continuer de toutes nos forces l'œuvre entreprise par nos pères, au temps de la *Révolution française*, quand ils fondèrent la *nation*, et c'est le sentiment de ce devoir que nous appelons patriotisme.

On peut dire aussi que le patriotisme, c'est le sentiment de la *solidarité* entre tous les membres de la grande famille française.

En 1790, à la *Fédération*, les Français se sont juré de vivre ensemble comme des frères : le vrai patriotisme consiste surtout à tenir ce serment en nous aidant mutuellement, en faisant tous nos efforts pour qu'il n'y ait plus parmi nous *d'injustes inégalités*, pour qu'il n'y ait plus ici des gens qui vivent dans l'abondance, là des malheureux qui souffrent de la faim.

Nos devoirs envers notre patrie sont très nobles et très beaux, parce que cette patrie elle-même a été constituée pour un but très noble et très beau.

Les Français ont, en effet, pris l'engagement mutuel de se gouverner *sans maître*, de se gouverner *en hommes libres*, de se gouverner *par la raison*, d'être des *citoyens* de ne plus s'exposer dans aucun cas à redevenir des *esclaves* ou des *sujets*.

Dans l'*humanité civilisée*, la nation française est la seule qui tâche de donner l'exemple d'une société aspirant à se gouverner ainsi par la raison, rien que par la raison, sans invoquer le secours d'une autorité surhumaine. Quand nous disons que la France se gouverne ou veut se gouverner par la raison, nous voulons dire qu'elle n'écoute que les leçons de l'expérience humaine, de l'histoire, qu'elle ne marche qu'à la lumière de la vérité, que d'après les conseils de la science, qu'elle ne s'inspire que du sentiment de la solidarité fraternelle.

Nous nous rappelons que nos pères ont versé leur sang pendant la Révolution pour défendre la nation contre les ennemis de la raison et de la fraternité, qu'ils ont vaincu ces ennemis à *Valmy*, à *Jemmapes*, à *Fleurus*. Nous ferions comme eux, si les rois de l'Europe voulaient envahir, asservir, démembrer la République française. Nous saurions nous faire tuer pour ne pas redevenir esclavés, pour conserver le droit de vivre en nation indépendante et libre, en société fraternelle d'hommes raisonnables.

Les Français ont donc le devoir de défendre la France par les armes, si par malheur les étrangers nous font la guerre.

C'est là un devoir exceptionnel. Il est d'autres devoirs, qui sont quotidiens et ordinaires. Ils peuvent tous se résumer en ceci, à savoir qu'étant les membres d'une même *famille*, nous devons nous aimer, nous aider les uns les autres, et que chaque individu doit vivre non seulement pour lui-même, mais pour la France, pour la nation, pour la République.

Voilà ce que c'est que le *patriotisme*.

QUESTIONNAIRE

Qu'appelle-t-on patriotisme? — Quel est le rôle de la nation française? — Que ferions-nous si on voulait envahir la France? — Quels sont nos autres devoirs envers la France?

RÉSUMÉ

Le patriotisme consiste à continuer l'œuvre de la Révolution française, à être solidaires les uns des autres entre Français, à nous gouverner en hommes libres. La nation française donne aux autres nations l'exemple de se gouverner par la raison. Si on voulait nous envahir, nous asservir, nous saurions nous faire tuer pour l'empêcher. Vivons en frères.

La France prêchant aux peuples la Fraternité.

QUATRIÈME LEÇON

La France et les autres nations.

Il n'y a pas que la France dans le monde.

Quoique grande par rapport à la ville ou au village où chacun de nous habite, elle n'occupe qu'une *faible partie* de la surface de notre *globe*, qui ne forme lui-même qu'une *toute petite partie* de l'*univers*.

L'ensemble des hommes qui existent sur la terre s'appelle l'humanité.

Une partie de l'humanité, surtout en *Afrique*, est

encore ignorante, superstitieuse, barbare, et ne forme pas de nations.

La partie de l'humanité qui est plus instruite, plus raisonnable, et qu'on appelle l'humanité civilisée, est organisée en nations.

Parmi ces nations, il en est de très grandes, comme l'*Angleterre*, l'*Allemagne*, l'*Italie*, l'*Espagne*, la *Russie*; il en est de très petites, comme la *Belgique*, la *Suisse*. Ce ne sont pas les plus grandes qui sont les plus avancées en civilisation. Ainsi, la petite Suisse est plus *civilisée* que la grande Russie.

De même que les hommes d'une même nation doivent vivre en frères, de même les nations civilisées ont entre elles des devoirs de *solidarité*. Car les hommes sont tous solidaires entre eux, et chaque homme a des devoirs envers l'humanité comme il en a envers sa nation.

L'humanité civilisée devrait éclairer avec bonté l'humanité non civilisée, et les diverses nations devraient s'aimer, s'entr'aider, se traiter fraternellement.

Il n'en est pas ainsi dans la réalité. Il arrive trop souvent que les civilisés pillent et massacrent les barbares, sans chercher à les *améliorer*. Il arrive trop souvent que les nations se jalousent, se haïssent, se nuisent, se font la guerre pour s'agrandir aux dépens les unes des autres. C'est que, pour la plupart, elles ne forment point des sociétés d'hommes libres et qui se soient spontanément fédérés. Elles ont des *rois*, qui les poussent à la guerre par *gloriole*. Beaucoup d'entre elles sont formées de peuples qui y ont été annexés par la force et qui regrettent leur ancienne nationalité, comme les *Irlandais* en Angleterre, les *Polonais* en Russie, les *Alsaciens-Lorrains* en Allemagne.

C'est seulement en France que tous les hommes font de leur plein gré partie de la nation.

Le *rôle* de la France dans le monde, tel que la Révolution française l'a défini, c'est de proclamer le droit des peuples à se gouverner eux-mêmes, c'est de donner l'exemple de la fraternité entre les peuples, c'est de prêcher l'horreur de la guerre et de rendre à l'avenir la guerre impossible par la fraternité des peuples, par la diffusion pacifique des *principes de 1789*.

La France a parfois oublié ce noble rôle ; mais parfois aussi elle l'a rempli avec gloire. Elle est peut-être la seule nation qui ait, par moments, voulu souffrir et se risquer pour les intérêts généraux de l'humanité.

Voilà le *rôle historique*, la *vraie grandeur* de la France, entre toutes les nations. Aimons donc la France, et ne haïssons pas les autres nations.

QUESTIONNAIRE

Qu'est-ce que l'humanité ? — Qu'est-ce que l'humanité civilisée ? — Quels sont les devoirs des nations entre elles ? — Quelle est la mission de la France dans le monde ? — Devons-nous haïr les autres nations ?

RÉSUME

L'humanité civilisée est organisée en nations. Ces nations ont entre elles, comme les hommes entre eux, des devoirs de solidarité, de fraternité. Elles ne doivent pas écouter les rois, qui les poussent à se battre. La France a donné souvent et doit donner toujours l'exemple de l'amitié entre nations.

Liberté, Egalité, Fraternité

CINQUIÈME LEÇON

La République française.

La France est une république.

On appelle *république* un État où il n'y a point de *chef héréditaire*, point de *roi* ou d'*empereur*, comme il y en a en d'autres pays, par exemple dans l'*Espagne*, qui est un *royaume*, ou dans l'*Allemagne*, qui est un *empire*.

La France n'est pas la seule république qui existe dans le monde. Ainsi la *Suisse* et les *États-Unis de l'Amérique du Nord* sont des républiques. Mais ce sont des républiques d'une autre sorte, c'est-à-dire qu'elles sont formées d'États qui ont chacun une sorte d'indépendance et qui se sont *fédérés* entre eux pour traiter en commun leurs intérêts communs. Au lieu de ce régime, qu'on appelle *fédératif*, la France, qui ne forme qu'une seule nation dont toutes les parties convergent vers le centre, a un régime qu'on appelle *unitaire* ou de *centralisation*. Autrefois, avant 1789, les anciennes *provinces* formaient une sorte de rassemblement sous un roi. La Révolution remplaça le rassemblement des provinces par une *fédération* universelle des individus et des communes, de manière qu'il n'y eût plus qu'une nation, et, quand elle établit la République, elle la proclama *une et indivisible*.

Nous disons que la République actuelle est *la troisième République*.

C'est qu'en effet, il y eut *une première République* en France de 1792 à 1804. Elle fut remplacée par l'*empire*, avec *Napoléon Ier* pour empereur. Celui-ci, par son ambition égoïste et ses guerres insensées, ruina la France. Les rois revinrent, et la France fut un royaume, de 1814 à 1848.

La seconde République exista de 1848 à 1852. Elle fut, comme sa devancière, remplacée par l'empire, avec *Napoléon III* pour empereur. Ce *second empire* amena la guerre, l'*invasion*, et une partie de la France (l'*Alsace-Lorraine*) fut violemment et malgré elle incorporée à l'Allemagne.

La République actuelle, la *troisième*, fut proclamée le 4 septembre 1870.

Comme celle de 1792 et comme celle de 1848, c'est une république *démocratique*, c'est-à-dire que le peuple s'y gouverne lui-même.

Il ne se gouverne pas directement. Il ne serait pas possible au peuple de s'assembler tout entier pour discuter et voter des lois. Le peuple se gouverne par des *mandataires*, par des *représentants*, c'est-à-dire qu'il choisit, parmi les citoyens, ceux qui lui semblent les plus capables : ce sont les **députés** et les **sénateurs**, qui se réunissent à Paris pour y former la *représentation nationale*, laquelle fait les lois.

La devise de la République est *liberté, égalité, fraternité*. Cette devise est inscrite sur la façade des édifices public : elle doit être inscrite aussi dans nos cœurs.

Les principales lois qui organisent la République française s'appellent la **Constitution de 1875**, parce que cette Constitution fut votée cette année-là.

QUESTIONNAIRE

Qu'appelle-t-on République ? — Y a-t-il d'autres républiques que la République française ? — Pourquoi appelle-t-on notre république la troisième République ? — Qu'est-ce qu'une république démocratique ? — Quelle est la devise républicaine ?

RÉSUMÉ

La France est une république. On appelle république un État où il n'y a ni roi ni empereur. Il y a d'autres républiques que la France : par exemple celle de Suisse, celle des États-Unis d'Amérique. Ces républiques sont fédératives : la nôtre est unitaire. La république avait déjà été fondée deux fois en France, en 1792 et en 1848. Celle-ci est donc la troisième. Elle est démocratique, c'est-à-dire que le peuple se gouverne lui-même. Mais il se gouverne par des représentants.

L'Assemblée Constituante vote la Déclaration des Droits de l'Homme et du Citoyen (1789).

SIXIÈME LEÇON

Le citoyen : ses droits.

Les droits de l'homme et du citoyen ont été définis par l'*Assemblée constituante* dans la Déclaration célèbre qu'elle publia en 1789.

Voici cette Déclaration :

« 1. Les hommes naissent et demeurent *libres et égaux en droits*; les distinctions sociales ne peuvent être fondées que sur l'utilité commune.

« 2. Le but de toute association politique est la conservation des droits naturels et imprescriptibles de l'homme;

ces droits sont la *liberté*, la *propriété*, la *sûreté* et la *résistance à l'oppression*.

« 3. Le principe de toute *souveraineté* réside essentiellement dans la *Nation*; nul corps, nul individu ne peut exercer d'autorité qui n'en émane expressément.

« 4. La *liberté* consiste à pouvoir faire tout ce qui ne nuit pas à autrui; ainsi, l'exercice des droits naturels de chaque homme n'a de bornes que celles qui assurent aux autres membres de la société la jouissance de ces droits ; ces bornes ne peuvent être déterminées que par la loi.

« 5. La *loi* n'a le droit de défendre que les actions nuisibles à la société. Tout ce qui n'est pas défendu par la loi ne peut être empêché, et nul ne peut être contraint à faire ce qu'elle n'ordonne pas.

« 6. La loi est l'*expression de la volonté générale ;* tous les citoyens ont droit de concourir personnellement, ou par leurs représentants, à sa formation ; elle doit être la même pour tous ; soit qu'elle protège, soit qu'elle punisse. Tous les citoyens, étant égaux à ses yeux, sont également *admissibles* à toutes dignités, places et emplois publics, selon leur capacité, et sans autre distinction que celle de leurs vertus et de leurs talents.

« 7. Nul homme ne peut être *accusé*, *arrêté* ni *détenu* que dans les cas déterminés par la loi, et selon les formes qu'elle a prescrites. Ceux qui sollicitent, expédient, exécutent ou font exécuter des *ordres arbitraires* doivent être punis ; mais tout citoyen, appelé ou saisi en vertu de la loi, doit *obéir* à l'instant ; il se rend coupable par la *résistance*.

« 8. La loi ne doit établir que des *peines* strictement et évidemment nécessaires, et nul ne peut être puni qu'en vertu d'une loi établie et promulguée antérieurement au délit, et légalement appliquée.

« 9. Tout homme étant présumé *innocent* jusqu'à ce qu'il ait été déclaré *coupable*, s'il est jugé indispensable de l'arrêter, toute rigueur qui ne serait pas nécessaire pour s'assurer de sa personne doit être sévèrement réprimée par la loi.

« 10. Nul ne doit être inquiété pour ses *opinions*, même *religieuses*, pourvu que leur manifestation ne trouble pas l'ordre public établi par la loi.

« 11. La libre communication des *pensées* et des *opinions* est un des droits les plus précieux de l'homme. Tout citoyen peut donc *parler*, *écrire*, *imprimer* librement, sauf à répondre de l'abus de cette liberté, dans les cas déterminés par la loi.

« 12. La garantie des droits de l'homme et du citoyen nécessite une *force publique*; cette force est donc instituée pour l'avantage de tous, et non pour l'utilité particulière de ceux auxquels elle est confiée.

« 13. Pour l'entretien de la force publique, et pour les dépenses de l'administration, une *contribution* commune est indispensable; elle doit être également répartie entre tous les citoyens, en raison de leurs facultés.

« 14. Tous les citoyens ont le droit de constater par eux-mêmes, ou par leurs représentants, la nécessité de la contribution publique, de la consentir librement, d'en suivre l'emploi, et d'en déterminer la *quotité*, l'*assiette*, le *recouvrement* et la *durée*.

« 15. La société a le droit de demander *compte* à tout *agent public* de son administration.

« 16. Toute société dans laquelle la *garantie des droits* n'est pas assurée, ni la *séparation des pouvoirs* déterminée, n'a point de *constitution*.

« 17. La *propriété* étant un droit inviolable et sacré, nul ne peut en être privé, si ce n'est lorsque la nécessité publique, légalement constatée, l'exige évidemment, et sous la condition d'une juste et préalable *indemnité*. »

QUESTIONNAIRE

Qu'est-ce que la déclaration des droits de l'homme? — Qu'est-ce que l'égalité des droits? — Qu'entend-on par ces mots : la souveraineté et la nation? — Qu'est-ce que la liberté? — Qu'est-ce que la loi? — Quelqu'un peut-il être inquiété pour ses opinions?

RÉSUMÉ

Les droits du citoyen sont contenus dans la célèbre Déclaration que l'Assemblée constituante rédigea en 1789. Cette Déclaration dit en substance que les hommes sont libres et égaux en droits; que la nation est souveraine; que la loi est l'expression de la volonté générale; que tout le monde doit être soumis à la loi; que nul ne doit être inquiété pour ses opinions; que l'impôt doit être consenti librement.

Citoyens allant voter.

SEPTIÈME LEÇON

Le citoyen : ses devoirs.

Dans la dernière leçon, nous avons étudié les *droits des citoyens* tels qu'en 1789 l'Assemblée constituante les formula dans une déclaration célèbre. En 1795, une autre assemblée, la *Convention nationale*, essaya de formuler les devoirs du citoyen dans une déclaration moins célèbre, qui n'a pas obtenu l'assentiment unanime des Français raisonnables, mais dont on peut extraire les articles suivants :

« Tous les *devoirs* de l'homme et du citoyen dérivent

de ces deux principes, gravés par la nature dans tous les cœurs : 1° *Ne faites pas à autrui ce que vous ne voudriez pas qu'on vous fît ;* 2° *Faites constamment aux autres le bien que vous voudriez en recevoir.*

« Les *obligations* de chacun envers la *société* consistent à la *défendre,* à la *servir,* à *vivre soumis aux lois,* et à *respecter ceux qui en sont les organes.*

« Nul n'est bon citoyen, s'il n'est *bon fils, bon père, bon frère, bon ami, bon époux.*

« Nul n'est homme de bien, s'il n'est franchement et religieusement *observateur des lois.*

« Celui qui viole *ouvertement* les lois se déclare en état de guerre avec la société.

« Celui qui, sans en enfreindre ouvertement les lois, les *élude par ruse* ou par *adresse,* blesse les intérêts de tous ; il se rend indigne de leur bienveillance et de leur estime. »

Ces conseils de la Convention au peuple peuvent se résumer ainsi : *soyons frères et obéissons aux lois.*

Disons aussi que tous les citoyens ont le devoir d'*exercer leurs droits civiques.* Chaque citoyen doit voter dans toutes les élections auxquelles la loi l'appelle à prendre part. Le citoyen qui ne vote pas *abdique* sa part de souveraineté. Il ne suffit pas de voter : il faut se faire une *opinion politique,* apprendre à juger les événements et les hommes.

Pour cela, on doit connaître les lois, les actes principaux du Gouvernement, lire avec soin le *Bulletin des communes,* qui est affiché à la porte des mairies, lire les *journaux,* sans croire aveuglément tout ce qu'ils disent, et en les *contrôlant* les uns par les autres, c'est-à-dire qu'on devra ne pas lire uniquement un journal d'une opinion, mais lire aussi, et le plus souvent possible, un journal d'une autre opinion. Autrement on est l'esclave de son journal, et, si ce journal change de propriétaire, s'il est acheté par des hommes improbes, s'il devient mauvais et malhonnête de bon et d'honnête qu'il était, on risque d'être entraîné soi-même à prendre au sérieux des mensonges et à se former une *fausse opinion*. C'est le cas de méditer ce proverbe : *Qui n'entend qu'une cloche n'entend qu'un son.*

Le peuple doit *surveiller* sévèrement ses *députés*, ne pas réélire ceux qui l'ont trompé, ceux qui ont mal servi les intérêts de la République démocratique, et les citoyens ont le devoir de demander aux députés ou aux sénateurs un compte exact de la conduite qu'ils tiennent à la Chambre ou au Sénat.

Il y a des citoyens qui se désintéressent des affaires publiques, qui disent : *Je m'en moque ! je ne m'occupe que de mes affaires !* Ces citoyens-là sont de mauvais citoyens, des *égoïstes* et des *sots*. Si nous ne faisions plus de politique, comme on dit, si nous n'avions plus le souci des intérêts de la nation, un *maître* viendrait qui nous réduirait en esclavage, nous lancerait dans des guerres injustes, comme le firent jadis Napoléon Ier et Napoléon III, et nous verrions une nouvelle invasion, un nouveau démembrement de la France.

QUESTIONNAIRE

Quels sont les deux principes sur lesquels la Convention nationale fonda les devoirs de l'homme et du citoyen ? — Les citoyens ont-ils le devoir d'exercer leurs droits civiques ? — Chacun doit-il se faire une opinion politique ? — Comment faut-il lire les journaux ? — Le peuple doit-il surveiller ses députés ?

RÉSUMÉ

Les devoirs de l'homme et du citoyen peuvent se résumer dans ces deux préceptes : 1° Ne faites pas à autrui ce que vous ne voudriez pas qu'on vous fît ; 2° Faites constamment aux autres le bien que vous voudriez en recevoir. Chaque citoyen a aussi le devoir d'exercer ses droits civiques, de se faire une opinion politique, de surveiller ses mandataires.

Le dépouillement du scrutin.

HUITIÈME LEÇON

Le suffrage universel.

Le peuple français se gouverne par des **représentants**.

Il dirige lui-même ces représentants, en choisissant qui bon lui semble pour le représenter. C'est ce qu'on appelle *les élections*. Les élections se font par un mode de vote qu'on appelle le **suffrage universel**.

Cela ne veut pas dire que tout le monde, sans exception, puisse voter. Non : les *femmes* ne votent pas, bien que quelques personnes aient demandé le droit de vote pour elles, les *enfants* ne votent pas. Mais, sauf les femmes et les enfants, sont appelés à voter à peu près tous les Français, pauvres ou riches. Autrefois, avant 1848, les pauvres étaient exclus du droit de vote ; étaient seuls électeurs les citoyens qui étaient assez riches pour payer de forts impôts, et cela s'appelait le *régime censitaire*. Depuis 1848, une révolution nouvelle a rétabli l'*égalité politique* que la première révolution avait déjà établie en 1792. C'est ce régime qui est le *suffrage universel*, et c'est surtout parce que nous avons le suffrage universel que notre république est appelée *démocratique*.

Sont électeurs tous les Français âgés de *vingt et un ans accomplis*, habitant dans la commune depuis six mois au moins, à l'exception de ceux qui se trouvent privés de leurs droits civils et politiques, par suite de condamnation judiciaire. Il y a aussi une catégorie de citoyens qui se trouvent exclus de l'exercice de leurs droits politiques : ce sont les *militaires* de tous grades et de toutes armes des armées de terre et de mer. Ils ne prennent part à aucun vote quand ils sont présents à leur corps. Cependant ceux qui, au moment de l'élection, se trouvent chez eux en résidence libre, en non activité ou en possession d'un congé régulier, peuvent voter dans la commune sur les listes de laquelle ils sont régulièrement inscrits.

Dans chaque commune, il y a une liste des citoyens qui ont le droit de voter. C'est la **liste électorale**. On la *revise* au commencement de chaque année. Tout citoyen indûment omis a le droit de s'y faire inscrire. Chaque électeur a le droit de réclamer la *radiation* d'un individu indûment inscrit ou l'inscription d'un individu indûment omis.

Toute personne qui se sera fait *inscrire* sur la liste électorale sous de faux noms ou de fausses qualités, ou aura, en se faisant inscrire, dissimulé une *incapacité* prévue par la loi, ou aura réclamé ou obtenu une inscription sur deux ou plusieurs listes, sera punie d'un emprisonnement d'un mois à un an et d'une amende de 100 à 1.000 francs.

La même peine est édictée contre ceux qui *menaceraient* ou *violenteraient* un électeur, ou qui, pour influencer son vote ou pour le décider à ne pas voter, lui feraient craindre de perdre son emploi ou d'exposer à un dommage sa personne, sa famille ou sa fortune, Chaque Français doit être *absolument libre* de voter comme bon lui semble, de voter pour qui lui plaît.

Il ne faut même pas qu'on puisse *savoir* pour qui il a voté. Aussi le scrutin est-il *secret*, dans toutes les sortes d'élections. Chacun écrit sur un morceau de papier le nom ou les noms qu'il veut; il plie ce papier, qui forme un *bulletin de vote*, et qui est déposé dans une boîte ou *urne*.

Pour éviter toute fraude, on dépouille ce scrutin *publiquement*, c'est-à-dire que tout électeur a le droit d'assister à ce dépouillement.

Voilà ce que c'est que le *suffrage universel*.

QUESTIONNAIRE

Qu'est-ce qu'on appelle élection? — Qu'est-ce que le suffrage universel? — Quels sont les Français qui ont le droit de voter? — Qu'est-ce qu'une liste électorale? — Qu'est-ce qu'un bulletin de vote?

RÉSUMÉ

Le mode par lequel le peuple nomme ses représentants s'appelle le suffrage universel. Cela veut dire que les Français du sexe masculin, âgés d'au moins vingt et un ans, ont le droit de voter. Dans chaque commune, on dresse tous les ans la liste de ceux qui ont ce droit. Le vote doit être libre et secret : on dépouille les scrutins publiquement.

Collège électoral élisant les sénateurs.

NEUVIÈME LEÇON

Les élections.

Le peuple élit la Chambre des députés, le Sénat, les Conseils généraux, les Conseils d'arrondissement, les Conseils municipaux.

Les membres de la *Chambre des députés* sont élus au scrutin *individuel* ou *d'arrondissement*, c'est-à-dire que chaque arrondissement administratif dans les départements, et chaque arrondissement municipal, à *Paris* et à *Lyon*, nomme un député. Les arrondissements dont la population dépasse 100.000 habitants nomment un député de plus par 100.000 ou fraction de 100.000 habitants. Les arrondissements, dans ce cas, sont divisés en *circonscriptions*. Comme le chiffre de la population varie, le nombre des députés n'est pas toujours le même. Il est ordinairement d'environ 600.

Tout électeur est *éligible* à la Chambre des députés, pourvu qu'il ait *vingt-cinq ans* accomplis. Nul ne peut être candidat *dans plus d'une circonscription*.

La Chambre des députés est *renouvelée* intégralement tous les *quatre ans*, c'est-à-dire que tous les quatre ans on procède à de nouvelles élections générales.

Le *Sénat*, dont les membres sont au nombre *invariable* de 300, est également nommé au suffrage universel, mais par un tout autre mode, c'est-à-dire que les électeurs ne nomment pas directement les sénateurs.

C'est ce qu'on appelle un suffrage *à plusieurs degrés*.

Quand il y a un ou plusieurs sénateurs à élire dans un département, on réunit, au chef-lieu du département, un collège ou assemblée électorale, formée des *députés* du département, des *conseillers généraux*, des *conseillers d'arrondissements* et de *délégués* élus parmi les électeurs de la commune par chaque Conseil municipal, en proportion de son importance, c'est-à-dire que les conseils composés de 10 membres élisent 1 délégué; ceux composés de 12 membres en élisent 2; ceux de 16 membres, 3; et ainsi de suite jusqu'aux conseils composés de 54 membres qui en nomment 24.

Le collège électoral élit les sénateurs au **scrutin de liste**. Cela veut dire que, s'il y a plusieurs sénateurs à nommer, chaque électeur inscrit sur son bulletin de vote autant de noms qu'il y a de sénateurs à nommer.

Tout électeur est *éligible* pourvu qu'il ait *quarante ans* accomplis

Les membres du Sénat sont élus pour *neuf années*.

Le Sénat se renouvelle *par tiers* tous les *trois ans*,

c'est-à-dire que, tous les trois ans, un tiers des départements a à faire des élections pour le Sénat.

Le peuple a encore à nommer d'autres assemblées, à savoir les *Conseils généraux*, les *Conseils d'arrondissement*, les *Conseils municipaux*.

Il y a un *Conseil général* dans chaque département ; il est composé d'autant de membres qu'il y a de cantons dans le département; et les électeurs de chaque canton nomment directement un membre. Les conseillers généraux sont nommés pour *six ans*. Ils sont renouvelés *par moitié* tous les trois ans.

Il a y un *Conseil d'arrondissement* dans chaque arrondissement; il est composé d'au moins autant de membres qu'il y a de cantons dans l'arrondissement. Élus de la même manière que les conseillers généraux, les conseillers d'arrondissement sont nommés *pour six ans*, et renouvelés *par moitié* tous les trois ans.

Il y a un *Conseil municipal* dans chaque commune, formé d'un nombre de membres qui varie de 10 à 54, selon l'importance de chaque commune. Les conseillers municipaux sont élus au scrutin de liste, pour quatre ans, et toute la commune ne forme qu'une *circonscription électorale*, à moins qu'elle ne compte plus de 10.000 habitants. En ce cas la commune peut être divisée en *sections électorales*.

Telles sont les élections. Ainsi fonctionne le suffrage universel.

QUESTIONNAIRE

Comment le peuple élit-il la Chambre des députés? — Pour combien de temps cette Chambre est-elle élue? — Comment le peuple élit-il le Sénat ? — Pour combien de temps le Sénat est-il élu? — Comment sont élus les Conseils généraux et les Conseils d'arrondissement? — Comment sont élus les Conseils municipaux ?

RÉSUMÉ

Le peuple élit, au scrutin d'arrondissement, une Chambre des députés, d'environ 600 membres, qui est nommée pour quatre ans. Il élit aussi, par un suffrage à plusieurs degrés, un Sénat de 300 membres ; chaque sénateur est élu pour neuf ans ; il y a des élections par tiers tous les trois ans. Le peuple élit directement des assemblées locales, appelées Conseils généraux, Conseils d'arrondissement, Conseils municipaux.

Député prononçant un discours a la tribune de la Chambre.

DIXIÈME LEÇON

Le pouvoir législatif.

Nous avons déjà dit que le peuple était trop nombreux et trop occupé pour pouvoir se réunir tout entier afin de se gouverner, de s'administrer, de faire des lois. Il désigne quelques citoyens à cet effet, et leur délègue le pouvoir législatif, c'est-à-dire qu'il les charge de faire des lois.

Le pouvoir législatif est exercé par la **Chambre des députés** et par le **Sénat**. Une *loi* n'existe que si elle a été votée par ces deux Assemblées, qu'on appelle *les deux Chambres* (et parfois aussi on les appelle *le Parlement*).

Tantôt c'est le Sénat qui prend l'initiative d'une loi, tantôt c'est la Chambre. Toutefois, les lois de finances doivent être en premier lieu présentées à la Chambre des députés et votées par elle.

Si l'une des deux Assemblées refuse de voter une loi déjà votée par l'autre, il n'y a rien de fait. Ainsi, pour qu'il y ait une loi, il faut que le Sénat et la Chambre des députés *se mettent d'accord*.

Tous les ans, les deux Chambres votent une loi qu'on appelle *la loi de finances* ou *budget* : c'est l'ensemble des recettes et des dépenses de l'État.

Les séances des deux Assemblées sont *publiques*, c'est-à-dire qu'on peut y assister, si on arrive assez tôt pour avoir de la place ou si l'on obtient un billet pour cela.

Dans ces séances, on discute les *projets de loi ;* on discute la *politique du Gouvernement*, c'est-à-dire la manière dont il conduit les affaires du pays. Tout député a droit de parler. A cet effet, il monte dans une *tribune*, qui fait face à l'Assemblée, et d'où il est mieux vu et mieux entendu. Des *sténographes* (c'est-à-dire des gens qui arrivent à écrire aussi vite que l'on parle) recueillent ces discours, qui sont ensuite publiés dans le *Journal officiel*. Ce journal ne se vend qu'un sou le numéro : il est bon de le lire, si l'on veut être bien au courant de la politique.

Faire des lois, surveiller la politique du Gouvernement, ce ne sont pas là les seules fonctions du Sénat et de la Chambre des députés.

Il arrive aussi que ces deux Assemblées se réunissent, de manière à ne former qu'une seule assemblée, qu'on appelle l'**Assemblée nationale**, pour élire *le Président de la République*.

Cette *Assemblée nationale* peut avoir aussi pour mission de *reviser* la Constitution, c'est-à-dire de la corriger, soit en y *ajoutant* quelque chose, soit en *effaçant* ou en *changeant* des articles dont l'expérience a montré la défectuosité. C'est ainsi qu'il y a déjà eu deux revisions de la Constitution, qui pourra encore être revisée quand le besoin s'en fera sentir. Mais, dans aucun cas, la *forme républicaine* du Gouvernement ne peut faire l'objet d'une proposition de revision, c'est-à-dire qu'en aucun cas on ne peut proposer de nous remettre sous le joug d'un *roi* ou d'un *empereur*.

Enfin le Sénat peut être constitué en *Cour de justice*, c'est-à-dire qu'il peut devenir un *tribunal* pour juger soit le Président de la République, soit les ministres, au cas où ils auraient commis quelque crime contre la République, et aussi pour juger les auteurs d'attentats contre la sûreté de l'État.

QUESTIONNAIRE

Qu'est-ce que le pouvoir législatif? — Qu'est-ce que les deux Chambres?, — Comment les lois sont-elles faites? — Qu'est-ce que le budget? — Qu'est-ce que la tribune? — Qu'est-ce que l'Assemblée nationale?

RÉSUMÉ

Le pouvoir législatif, ou pouvoir de faire des lois, est délégué par le peuple à la Chambre des députés et au Sénat, qui discutent et votent tour à tour chaque loi. Ces deux Chambres votent chaque année le budget. Elles contrôlent la politique du Gouvernement. Réunies en Assemblée nationale, elles élisent le Président de la République. Le Sénat a aussi pour fonctions de juger les attentats contre la sûreté de l'État.

Séance du Conseil des Ministres à l'Élysée

ONZIÈME LEÇON

Le pouvoir exécutif.

Le pouvoir *législatif* et le pouvoir *executif* sont deux pouvoirs différents. Cela veut dire que ce ne sont pas les mêmes personnes qui font les lois et qui les appliquent.

Dans la République française le pouvoir exécutif est confié à un citoyen, qui a le titre de **Président de la République**. Ce président est élu par le Sénat et par la Chambre des députés réunis en Assemblée nationale. Il est nommé pour *sept ans*. Il est *rééligible*.

Le Président de la République a l'*initiative des lois*, concurremment avec les membres des deux Chambres, c'est-à-dire qu'il peut soumettre un projet de loi aux délibérations du Sénat ou de la Chambre des députés. Il *promulgue* les lois, c'est-à-dire qu'il les publie, lorsqu'elles ont été votées par les deux Chambres. Si une loi lui semble mauvaise, il peut demander aux deux Chambres une *nouvelle délibération*, qui ne peut être refusée.

Le Président de la République *nomme à tous les emplois* civils et militaires. Il dispose de la *force armée*. Il préside aux solennités nationales ; il reçoit les *envoyés* et les *ambassadeurs* des puissances étrangères ; il négocie et ratifie (c'est-à-dire approuve) les *traités de paix et de commerce* avec les autres nations, mais ces traités ne sont définitifs qu'après avoir été votés par les deux Chambres. Il ne peut *déclarer la guerre* sans l'assentiment préalable des deux Chambres.

Chacun des actes du Président de la République doit être contresigné par un *ministre*.

Les *ministres* sont des citoyens choisis et nommés par le Président de la République pour diriger les diverses parties de l'administration. Chacune de ces parties s'appelle un *ministère*. Il y a 11 ministères : 1° *Affaires étrangères* ; 2° *Agriculture* ; 3° *Colonies* ; 4° *Commerce, industrie, postes et télégraphes* ; 5° *Finances* ; 6° *Guerre* ; 7° *Instruction publique et beaux-arts* ; 8° *Intérieur et cultes* (quelquefois les cultes sont rattachés à l'Instruction publique) ; 9° *Justice* (le ministre de la Justice s'appelle aussi *Garde des sceaux*) ; 10° *Marine* ; 11° *Travaux publics*.

Les ministres forment un *conseil* (qu'on appelle aussi *cabinet*), dirigé par l'un d'eux, qui a le titre de *Président du Conseil*.

La Constitution dit que « les ministres sont solidairement *responsables* devant les Chambres de la politique générale du Gouvernement, et individuellement de leurs actes personnels ».

Voici, dans la pratique, ce que c'est que cette *responsabilité ministérielle*.

Le Président de la République tâche de choisir pour ministres des citoyens qui soient d'accord, pour la politique générale, avec la *majorité* de la Chambre des députés. S'ils se sentent en désaccord avec cette majorité, si par exemple la Chambre vote dans un sens contraire à celui que les ministres lui ont indiqué, on dit en ce cas que le *ministère est battu*, qu'il est *en minorité*. Alors le Président du Conseil des ministres (autrement dit *chef du Cabinet*) remet sa démission et celle des autres ministres entre les mains du Président de la République. Celui-ci *fait appeler* un autre citoyen (en fait, ce citoyen s'est jusqu'ici toujours trouvé être un sénateur ou un député), et le charge de former un autre *ministère* ou *cabinet* (ces deux mots sont synonymes). Ce citoyen tâche de trouver dix autres personnes ayant les mêmes idées politiques que la majorité de la Chambre, et il en remet la liste au Président de la République. Si celui-ci accepte cette liste, le *nouveau ministère* est fait et les décrets qui le constituent paraissent aussitôt dans le *Journal officiel*.

Ainsi, les Chambres *soutiennent* ou *renversent* les ministres, et le Président de la République les *nomme*.

En cas de *vacance* de la présidence de la République, par décès ou pour toute autre cause, c'est le *Conseil des ministres* qui exerce les fonctions de Président de la République jusqu'à l'élection du nouveau Président.

QUESTIONNAIRE

Par qui et pour combien de temps est nommé le Président de la République? — Quelles sont ses attributions? — Qu'est-ce que les ministres? — Comment le Président de la République s'y prend-il pour former un ministère? — Comment la Chambre des députés fait-elle pour renverser un ministère?

RÉSUMÉ

Le pouvoir exécutif est confié à un Président de la République, nommé pour sept ans et rééligible. Ce Président nomme les ministres, au nombre de onze, qui forment sous la présidence de l'un d'eux un Conseil (qu'on appelle aussi ministère ou cabinet). Si ce ministère perd la confiance de la Chambre des députés, il donne sa démission, et le Président de la République en nomme un autre.

Citoyen versant au percepteur le montant de ses impôts.

DOUZIÈME LEÇON

Le budget. Les impôts.

Nous avons vu que, chaque année, le Sénat et la Chambre des députés fixaient, sous le nom de *loi de finances* ou de **budget**, l'état des *recettes* et des *dépenses* de l'État.

L'État, c'est le *peuple*, c'est *tout le peuple*, l'ensemble de tous les Français.

Ces Français, en tant qué *nation*, en tant qu'ils sont *solidaires* les uns des autres, ont des intérêts *communs*, ont des besoins *communs*.

Il faut *de l'argent* pour défendre ces intérêts communs, pour subvenir à ces besoins communs ; il faut de l'argent pour faire vivre les citoyens qui sont obligés de faire et d'exécuter des lois, les divers agents de l'État ou fonctionnaires ; il faut de l'argent pour *l'instruction publique*, pour l'*armée*, pour la *marine*, pour les *services publics*.

On se procure cet argent en se *cotisant* chacun selon ses facultés, et en mettant en commun le produit de ces cotisations. Ce sont les *Chambres* qui fixent ces cotisations chaque année, en raison des dépenses, et qui disent en détail comment cet argent du peuple devra être dépensé. Ces cotisations, ce sont les **impôts** ou **contributions**, qui jadis étaient payés au profit du roi, qui sont payés maintenant au profit du peuple. Il faut payer l'impôt, parce que chacun profite de ce que l'État fait avec le produit de cet impôt.

Il y a deux sortes d'impôts ou contributions : 1° les **contributions directes**; 2° les **contributions indirectes**.

1° *Contributions directes*. — L'État demande à chaque citoyen de lui payer directement une somme tous les ans, selon ses moyens, qu'on évalue par à peu près d'après certains *signes visibles*. Cette somme est versée entre les mains d'un fonctionnaire appelé *percepteur*.

2° *Contributions indirectes*. — Ce sont des impôts établis par l'État sur les *choses* que l'on vend, par exemple sur l'alcool, sur les allumettes, sur le sel, sur le sucre, le vin, les huiles, le savon, le café, etc. Il y a, pour certaines marchandises qui entrent en France, des droits de **douane**. A l'entrée de beaucoup de villes et de villages, les denrées payent des droits d'octroi. Ces contributions indirectes sont très compliquées : il suffit, pour le moment, de savoir ce qu'elles sont en général.

L'argent ainsi perçu va dans les *caisses* de l'État. On surveille sévèrement ceux qui le perçoivent et ceux qui le dépensent. Il y a des *inspecteurs des finances* qui circulent dans toute la France pour surveiller les percepteurs. Il y a à Paris une *Cour des comptes*, qui examine toutes les dépenses. On peut donc, en toute sécurité, donner son argent au percepteur, sans craindre que cet argent ne serve pas aux dépenses d'intérêt commun.

L'impôt est *indispensable*, mais il est bien lourd à payer! Les Français doivent donner chaque année *près de quatre milliards*. Pourquoi? Parce que les rois et les empereurs, en faisant la guerre pour leur plaisir, ont dépensé tant d'argent qu'il a fallu, pour payer ces dépenses, emprunter des sommes énormes, des quantités de milliards, et il nous faut aujourd'hui payer les intérêts de ces sommes. Voilà pourquoi nous dépensons tant, nous payons tant. Prenons bien garde à ne pas voter pour des députés qui chercheraient à nous mettre sous le joug d'un roi ou d'un empereur! Et *surveillons bien nos députés* pour qu'ils soient économes de notre argent, et surtout pour qu'ils ne nous lancent pas dans des *guerres inutiles*, qui nous ruineraient!

QUESTIONNAIRE

Qu'est-ce que le budget? — Qu'est-ce que l'État? — Qu'appelle-t-on impôts ou contributions? — Quelles sont les deux sortes de contributions? — Pourquoi l'impôt est-il si lourd?

RÉSUMÉ

Il faut de l'argent pour subvenir aux besoins du peuple français. C'est pourquoi le peuple se colise chaque année, et cette colisation s'appelle impôts ou contributions. Ces contributions sont les unes directes, les autres indirectes. Il faut payer l'impôt, dont l'emploi profite à tous. Si nous payons tant d'impôts, c'est parce que jadis les rois et les empereurs ont trop dépensé pour leurs guerres.

Une Mairie.

TREIZIÈME LEÇON

L'administration. — Le département. — L'arrondissement. — Le canton. — La commune.

Chaque ministre a sous ses ordres des fonctionnaires qui, dans chaque département, s'occupent des diverses parties de l'administration, et sont nommés, les plus petits par le ministre lui-même, les plus importants par le Président de la République.

Parmi ces administrateurs, il y en a un, dans chaque département, dont les fonctions se rapportent à toutes les parties de l'administration : c'est le **préfet**, qui représente, en quelque sorte le gouvernement de la République, et qui a sous ses ordres, dans chaque arrondissement un sous-préfet. Préfets et sous-préfets dépendent plus particulièrement du *ministre de l'Intérieur*.

Le Gouvernement a auprès de lui, à Paris, un **Conseil d'État** qui juge les différends d'ordre administratif. De même, le préfet a auprès de lui, dans chaque chef-lieu de département, un **Conseil de préfecture**.

Autrefois, au commencement du xixe siècle, quand Napoléon Bonaparte établit ce régime des préfets, il supprima dans chaque département les *corps élus* qu'y avait établis la Révolution. Aujourd'hui, il y a des corps élus, notamment un **Conseil général**, qui représente les intérêts spéciaux du département dans l'ensemble de l'État. Le Conseil général tient dans le département à peu près la place que la *Chambre des députés* tient dans l'État, mais avec des attributions *plus restreintes*.

La principale de ses attributions est de *répartir les contributions directes* entre les arrondissements, et de voter, chaque année, le *budget du département*.

En outre, le Conseil général donne son *avis* ou exprime des *vœux* sur une foule de questions qui intéressent le département en particulier ou même la France en général.

Dans les moments où le Conseil général ne siège pas, il délègue quelques-uns de ses membres pour former une **Commission départementale**, chargée de contrôler et de guider le préfet.

Dans chaque arrondissement, un **Conseil d'arrondissement**, élu comme le Conseil général, répartit les contributions directes entre les *communes*, émet des *avis*, formule des *vœux*.

Il n'y a pas de conseils de canton. Les **cantons** sont surtout des circonscriptions *électorales* et *judiciaires*.

Chaque commune a son **Conseil municipal**, formé d'un nombre de membres qui varie de 10 à 54, selon l'importance de la commune. Ce Conseil élit, parmi ses membres, un **maire** et des **adjoints**. Le maire est, pour ainsi dire, le *chef de l'association communale;* il est aussi le *délégué de l'administration supérieure.* Les adjoints aident le maire ou le suppléent.

Le Conseil municipal règle les affaires de la commune à peu près comme le Conseil général règle les affaires des départements. Mais beaucoup de ses décisions ne peuvent être exécutées qu'après avoir été approuvées par le préfet.

La **commune de Paris** est soumise à un régime spécial. Elle a un Conseil municipal élu, mais elle n'a pas de maire élu. Elle est divisée en 20 *arrondissements,* dont chacun est administré par un maire et des adjoints que nomme le Gouvernement. En outre, le *préfet de la Seine* et le *préfet de police* ont une partie des fonctions qui, dans les autres communes, sont confiées au maire élu.

QUESTIONNAIRE

Qu'est-ce qu'un Préfet ? — Qu'est-ce qu'un Conseil général ? — Qu'est-ce qu'un Conseil d'arrondissement ? — Qu'est-ce qu'un Conseil municipal ? — Qu'est-ce qu'un maire ?

RÉSUMÉ

L'administration est confiée, dans chaque département, à diverses fonctionnaires, mais surtout à un préfet. Près du préfet, il y a un Conseil général élu, qui aide le préfet à administrer, répartit les contributions directes entre les arrondissements, vote le budget du département. Dans chaque arrondissement, un Conseil d'arrondissement élu répartit les contributions directes entre les communes. Dans chaque commune, un Conseil municipal élu règle les affaires de la commune : il élit un maire et des adjoints.

Une École.

QUATORZIÈME LEÇON

L'instruction publique.

Puisque le peuple est *souverain*, il faut qu'il s'instruise : s'il ne s'instruisait pas, s'il restait ignorant, il ne pourrait point se conduire raisonnablement, il deviendrait un *tyran* ou redeviendrait un *esclave*.

L'instruction publique est donc le plus grand besoin de la nation. C'est un *service d'État*.

Il y a trois degrés d'instruction publique : 1° L'enseignement primaire, qui est celui qu'on reçoit dans le premier âge, celui qui a pour objet les notions *indispen-*

sables à tous ; 2° **l'enseignement secondaire**, qui, donné dans les *lycées* et les *collèges*, s'adresse surtout aux enfants de dix à dix-huit ans, et qui se subdivise en enseignements très variés entre lesquels chacun peut choisir selon ses goûts et ses aptitudes ; 3° **l'enseignement supérieur**, qui, donné dans les *Universités* et dans les grandes écoles, s'adresse aux jeunes gens et aux adultes, et qui embrasse le cercle entier des connaissances.

Parlons surtout de l'*enseignement primaire*.

C'est celui que reçoit *tout le peuple*, c'est celui où chacun trouve les connaissances *indispensables* pour pouvoir se suffire à lui-même, et être utile aux autres, pour pouvoir être libre et être citoyen. Le programme de cet enseignement, vous le connaissez bien : c'est ce que vous apprenez à l'école où vous allez en ce moment.

Cet enseignement est *obligatoire*, c'est-à-dire que la loi oblige chaque père de famille à le donner ou à le faire donner à ses enfants. Le père de famille qui se refuse à faire instruire ses enfants est un *mauvais citoyen*, ou plutôt est indigne du nom de citoyen.

Cet enseignement est *laïque*, c'est-à-dire qu'on y respecte la liberté de conscience en n'admettant dans l'école l'enseignement d'aucune religion. On ne doit enseigner à l'école que des vérités démontrées par la raison.

Les écoles publiques sont dirigées par des instituteurs, fonctionnaires publics. L'enseignement y est partagé en trois cours : 1° cours *élémentaire*, de sept à neuf ans ; 2° cours *moyen*, de neuf à onze ; 3° cours *supérieur*, de *onze à treize*.

C'est là l'enseignement primaire *élémentaire*, qui est donné dans chaque commune.

Il y a aussi, dans un certain nombre de cantons (malheureusement, il n'y en a pas dans tous), des *écoles pri-*

maires supérieures, où l'on approfondit ce qu'on a appris à l'école élémentaire et où l'on apprend d'autres choses aussi, des notions d'agriculture, de commerce, d'industrie, l'application pratique des sciences.

Tous les enfants n'ont pas les moyens ou le temps d'aller à ces écoles primaires supérieures. Un petit nombre peuvent suivre les classes des lycées et des collèges. Un plus petit nombre encore peuvent suivre les cours des Universités. Il y a quelques *bourses*, qui permettent à des jeunes gens pauvres de s'instruire complètement. Mais ces bourses sont trop peu nombreuses. Il faudrait que tout enfant fût assuré de pouvoir s'instruire selon sa capacité. Cela viendra, si tous les républicains s'accordent pour le vouloir.

Ce qui est fâcheux, c'est que ce qu'on apprend à l'école primaire s'oublie vite. Il faut *continuer* à étudier et à apprendre après l'école, quand on est grand. Il faut étudier toute sa vie. Il faut être au courant de ce qui s'invente de nouveau. C'est pourquoi, le soir, des personnes de bonne volonté organisent des *conférences*, des *cours*, à l'usage du peuple de tout âge et de tout sexe. Souvent ce sont les *instituteurs* qui, quoique fatigués par l'écrasante besogne de leur classe quotidienne, font ces conférences, avec un zèle admirable. C'est le devoir des gens instruits de les aider. C'est le devoir des ignorants, ou de ceux qui ont oublié, ou de ceux qui veulent savoir davantage, c'est, en somme, le devoir de presque tous d'assister à ces cours, à ces conférences, qu'on appelle tantôt *cours d'adultes*, tantôt *universités populaires*, tantôt *œuvres post-scolaires*, tantôt d'autres noms encore.

QUESTIONNAIRE

Pourquoi faut-il que le peuple s'instruise ? — Quels sont les trois degrés d'instruction ? — Qu'est-ce que l'enseignement primaire ? — Que faut-il entendre par ces mots : laïque et obligatoire ? — Qu'est-ce que les écoles primaires supérieures ? — Qu'est-ce que les cours d'adultes ?

RÉSUMÉ

Pour que le peuple puisse exercer intelligemment sa souveraineté, il faut qu'il s'instruise. Il y a une instruction publique, qui est obligatoire et laïque, et qui contient trois degrés : primaire, secondaire, supérieur. L'enseignement primaire est celui qui donne à tous les enfants les notions indispensables pour pouvoir se conduire dans la vie. Ce qu'on apprend à l'école s'oublie vite : c'est pourquoi il faut, après l'école, quand on est grand, suivre des cours pour maintenir et étendre son savoir.

Le Tirage au sort.

QUINZIÈME LEÇON

Le service militaire.

En principe, tous les Français doivent, à partir de *vingt et un ans*, le service militaire, sauf ceux qui, pour leurs *infirmités*, en seront reconnus physiquement *incapables*.

On fait d'abord partie de l'armée active, pendant trois ans.

On dresse chaque année, dans chaque commune, la *liste* des jeunes gens ayant atteint l'âge de vingt ans révolus dans l'année précédente. Ces jeunes gens, c'est ce qu'on appelle la classe. Chaque jeune homme tire au sort un *numéro*, qu'on proclame aussitôt.

Parmi ces jeunes gens, il y en a qui ne font qu'un an de service, à savoir : 1° l'*aîné d'orphelins* de père et de mère ; 2° le fils *unique* ou l'*aîné* des fils, ou, à défaut de fils, le gendre, le petit-fils unique ou l'aîné des petits-fils d'une femme actuellement veuve ; 3° le fils unique ou l'aîné des fils d'une famille de *sept enfants* au moins ; 4° le plus âgé des *deux frères* inscrits la même année sur les listes du recrutement cantonal ; 5° celui dont un frère sera présent sous les drapeaux au moment de l'appel de la classe ; 6° celui dont le frère sera *mort en activité de service* ou aura été réformé ou admis à la retraite pour blessures reçues en service commandé ou pour infirmités contractées dans les armées de terre et de mer ; 7° celui qui aura pu prouver qu'il remplit effectivement les devoirs de *soutien indispensable de famille* (et ces dispensés sont dans la proportion suivante : 5 pour cent du contingent, plus 1 pour cent après la première année, et 1 pour cent après la seconde); 8° les jeunes gens qui s'engagent à servir pour *dix ans* dans les fonctions de l'instruction publique ou qui sont *étudiants dans les Universités* ou dans certaines écoles, et obtiennent certains grades ; 9° les ouvriers d'art désignés par un jury départemental (dans la proportion d'un demi pour cent du contingent).

En sortant de l'armée active, on fait partie de la réserve de l'armée active pendant dix ans, de l'**armée territoriale** pendant six ans, de la réserve de l'armée territoriale pendant six ans. Mais ce service n'est réel qu'en cas de guerre et de *mobilisation*, c'est-à-dire qu'on met en mouvement tous les Français quand le danger de la patrie l'exige.

Cependant, en temps de paix, les hommes de la *réserve de l'armée active* sont astreints, pendant leur temps de service dans ladite réserve, à prendre part à *deux manœuvres*, chacune d'une durée de *quatre semaines*. C'est ce qu'on appelle *faire ses vingt-huit jours*.

Les hommes de l'*armée territoriale* sont assujettis à une période d'exercices dont la durée est de *deux semaines* : c'est ce qu'on appelle *faire ses treize jours*.

Voilà ce que c'est que le service militaire. Nul ne peut s'y soustraire sans s'exposer *aux peines les plus sévères*.

Le service militaire est une obligation *très lourde*, *très pénible*. On en souffrirait moins et il faudrait moins de soldats, s'il n'y avait plus en Europe de rois et d'empereurs qui s'amusent à exciter des querelles entre les peuples, à leur faire croire qu'ils se haïssent les uns les autres. Peu à peu les peuples comprendront qu'ils sont frères, et la République française n'aura plus à craindre d'être attaquée, envahie par les rois ou les empereurs. Malheureusement, ce beau jour est encore éloigné, et, tant que les autres nations ne désarmeront pas, il nous faut une *armée puissante* pour défendre l'indépendance de notre nation.

Voilà pourquoi le service militaire est *obligatoire*. S'il n'y avait pas d'armée, la France serait conquise et deviendrait allemande ou russe. Or, nous voulons *rester Français*, et d'ailleurs l'existence de la France est utile à l'humanité.

Faisons donc notre service militaire avec *bonne humeur*, puisqu'il faut le faire. Faisons-le *avec zèle*, en nous conformant bien aux *règlements militaires*, puisque c'est pour l'intérêt de la France.

QUESTIONNAIRE

Qu'est-ce que le service dans l'armée active? — Quels sont ceux qui n'y servent qu'un an? — Qu'appelle-t-on faire ses vingt-huit jours? — Qu'appelle-t-on faire ses treize jours? — Pourquoi faut-il faire son service militaire?

RÉSUMÉ

Tous les Français valides doivent le service militaire à partir de vingt et un ans. On entre d'abord dans l'armée active, où les uns restent trois ans, les autres un an. Puis on a à revenir au régiment, comme soldat de la réserve, pendant deux périodes de vingt-huit jours chacune. On y revient encore, comme soldat de la territoriale, pour une période de treize jours. En cas de guerre, tout le monde serait appelé sous les drapeaux.

La Cour d'assises.

SEIZIÈME LEÇON

La Justice.

Tous les Français sont tenus *d'obéir aux lois*, puisque les lois sont l'expression de la volonté générale.

Mais il y a des Français qui n'y obéissent pas, soit par *ignorance*, soit par *égoïsme*. Désobéir aux lois, cela s'appelle, selon la gravité de la faute, **contravention, délit ou crime**. Pour prévenir, empêcher, réprimer ces désobéissances, il y a des peines, comme l'*amende*, la *prison*, les *travaux forcés*, la *mort*.

Il y a des Français qui ne sont pas d'accord, qui se querellent entre eux au sujet d'*intérêts personnels*, par exemple pour la possession d'un héritage.

Le soin de décider si quelqu'un est coupable, quelle peine il mérite, le soin de juger et de punir, le soin **aussi** de concilier les citoyens ou de trancher leurs différends, est confié à des **tribunaux** de diverses sortes, et l'organisation générale de ces tribunaux s'appelle la **justice**.

La justice s'appelle *de paix* et *civile*, quand elle règle des intérêts particuliers ; elle s'appelle *de simple police, correctionnelle* ou *criminelle* quand elle punit.

Dans chaque canton il y a un **juge de paix** qui essaye de concilier les gens qui ne sont pas d'accord et qui prononce en *dernier ressort*, c'est-à-dire définitivement, ou *en premier ressort*, c'est-à-dire provisoirement, sur certaines contestations de peu d'importance. Le juge de paix est chargé aussi de punir d'une peine minime certaines contraventions ou certains délits peu graves.

Il y a dans chaque arrondissement un **tribunal de première instance**, composé de plusieurs juges. Ce tribunal juge en *premier ou dernier ressort* presque toutes les contestations civiles. Il prononce de même sur certaines contraventions et sur la plupart des délits.

Si l'on n'est pas content du jugement rendu par le tribunal de première instance, si l'on croit ce jugement injuste, on peut s'adresser à un autre tribunal pour lui demander de réformer ce jugement. C'est *en appeler*. Le tribunal auquel on s'adresse pour cela se nomme **Cour d'appel** : il y en a plusieurs en France.

Les *crimes* sont jugés par les **Cours d'assises**. La Cour d'assises est un tribunal *temporaire* qui se tient dans chaque département, au chef-lieu la plupart du temps. Il est formé de trois juges : un président et deux assesseurs. Douze citoyens appelés *jurés*, et formant le jury, déclarent si l'accusé est coupable ou non. La Cour statue alors sur l'application de la peine.

Au-dessus de ces tribunaux, il y a une cour suprême et unique, régulatrice de toute la justice. C'est la Cour de cassation, qui siège à Paris. Elle annule tous les jugements dans lesquels on aurait ou violé la loi ou mal observé les formes de la procédure.

Il y a aussi beaucoup d'autres tribunaux, d'un caractère spécial. Mais il suffit pour l'instant de savoir ce que sont les tribunaux ordinaires.

Un bon citoyen ne recourt aux tribunaux qu'à la dernière extrémité : il tâche d'abord de terminer *à l'amiable* toutes ses contestations avec les autres citoyens. Un bon juge doit être indulgent, vu que la plupart des hommes pèchent plutôt par ignorance que par malice.

QUESTIONNAIRE

Qu'est-ce que les tribunaux ? — Qu'est-ce qu'un juge de paix ? — Qu'est-ce qu'un tribunal de première instance et une Cour d'appel ? — Qu'est-ce que la Cour d'assises ? — Qu'est-ce que la Cour de cassation ?

RÉSUMÉ

Les tribunaux ont pour fonction de punir les Français qui désobeissent aux lois ou de trancher les différends des Français entre eux. La justice est soit civile, soit correctionnelle ou criminelle. Il y a des juges de paix, des tribunaux de première instance, des Cours d'appel, des Cours d'assises où siège un jury, une Cour de cassation.

TABLE DES MATIÈRES

TOURS, IMPRIMERIE DESLIS FRÈRES, 6, RUE GAMBETTA.